康小智图说系列·影响世界的中国传承

声名远扬的中国功夫

陈长海 编著 海润阳光 绘

山东人民出版社·济南

国家一级出版社 全国百佳图书出版单位

图书在版编目（CIP）数据

声名远扬的中国功夫/陈长海编著；海润阳光绘.——
济南：山东人民出版社，2022.6
（康小智图说系列.影响世界的中国传承）
ISBN 978-7-209-13769-0

Ⅰ.①声… Ⅱ.①陈… ②海… Ⅲ.①功夫（武术）—
中国—儿童读物 Ⅳ.① G852-49

中国版本图书馆 CIP 数据核字（2022）第 062578 号

责任编辑：郑安琪　魏德鹏

声名远扬的中国功夫
SHENGMINGYUANYANG DE ZHONGGUO GONGFU

陈长海　编著　海润阳光　绘

主管单位	山东出版传媒股份有限公司	规　格	16 开（210mm×285mm）
出版发行	山东人民出版社	印　张	2
出 版 人	胡长青	字　数	25 千字
社　　址	济南市市中区舜耕路 517 号	版　次	2022 年 6 月第 1 版
邮　编	250003	印　次	2022 年 6 月第 1 次
电　话	总编室（0531）82098914	印　数	1-13000
	市场部（0531）82098027	ISBN 978 7 209-13769-0	
网　址	http://www.sd-book.com.cn	定　价	29.80 元
印　装	莱芜市新华印刷有限公司	经　销	新华书店

如有印装质量问题，请与出版社总编室联系调换。

序

亲爱的小读者，我们中国不仅是世界四大文明古国之一，更是古老文明不曾中断的唯一国家。中华文明源远流长、博大精深，是中华民族独特的精神标识，为人类文明作出了巨大贡献，提供了强劲的发展动力。我们的"四大发明"造纸术、印刷术、火药和指南针，改变了整个世界的面貌，不论在文化上、军事上、航海上，还是其他方面。如果没有"四大发明"，人类文明的脚步不知道会放慢多少！

"四大发明"只是中华民族千千万万发明创造的代表，中国丝绸、中国瓷器、中国美食、中国功夫……从古至今，也一直备受推崇。尤其值得我们自豪的是，这些古老的发明，问世之后，不仅造福中国人，也造福全人类；不仅千百年来传承不断，还一直在发展和创新。以丝绸为例，我们的先人在远古时期就注意到了蚕这样一只小小的昆虫，进而发明了丝绸。几千年来，丝绸织造工艺不断提升，陆上丝绸之路、海上丝绸之路不断开辟，丝绸成为全人类的宝贵财富。如今，蚕丝在医疗、食品、环境保护等各个领域都得到了广泛的应用，受到了人们的高度重视和期待。事实说明，中华民族不但善于发明创造，也善于传承创新。

亲爱的小读者！本套丛书，言简意赅，图文并茂，你在阅读中，一定可以感受到中国发明的来之不易和一代代能工巧匠的聪明智慧，发现蕴含其中的思想、文化和审美风范，从而对中华民族讲仁爱、重民本、守诚信、崇正义、尚和合、求大同的民族性格和"天下兴亡，匹夫有责"的爱国主义精神产生崇高的敬意和高度认同，增强做中国人的志气、骨气和底气。读完这套书，你会由衷地感叹：作为中国人，我倍感自豪！

侯仰军

2022 年 6 月 1 日

（侯仰军，历史学博士，中国民间文艺家协会分党组成员、副秘书长、编审）

独树一帜的中国功夫

中国功夫历史悠久，博大精深，伴随着五千年中华文明流传至今。中国功夫不仅包含精湛的技艺，更蕴含着深厚的武德以及侠义精神，这些独特的内涵使中国功夫在世界舞台上独树一帜。

国际上习惯把中国武术称为"功夫"。许多国家都有自己的武术，但中国武术不同于世界上任何一个国家。

我们的祖先通过观察大自然飞禽走兽攻击、闪躲的姿态，研究出一系列武术招式。

武者把一连串含有技击和攻防的动作编成整套动作组合，称为武术套路。为了便于记忆，还给这些动作起了名字，比如九天揽月、天外飞仙……

看我白鹤亮翅——

学习中国功夫，不仅要练习外在功夫，更要注重内在修行。正所谓"习武先习德"，学习武术之前要先学习良好的品德。

学点三脚猫的功夫就去欺负别人，我要让你长长记性！以后不许用功夫和别的孩子打架！

以为习武能打遍天下无敌手，没想到我自己先挨一顿打。

中国的传统文化孕育了中国武术精神。历史上的功夫大师，他们或是用功夫为百姓伸张正义、惩恶扬善，或是报效国家、救国救民，都彰显了自强不息、厚德载物的民族精神。

大胆劫匪，看我的剑！

把你们身上值钱的东西都交出来！否则要你们性命！

这点疼就受不了？我给你按几下，你的腰就好了，忍着点儿！

练习武术能强身健体，但在习武过程中，难免会受伤。所以，许多功夫大师不仅武术高超，还精通医术，懂得推拿按摩的手法。武术与中医推拿融会贯通，也是中国功夫的一大特点。

哎呀，好疼！师父轻一点——

5

中国功夫源远流长

中国功夫起源可以追溯到远古时代，人类要生存，要保护自己，就要与野兽斗争。人们在与野兽斗争过程中逐渐掌握了各种独特的技能，这就是功夫的萌芽。

原始社会，野兽出没，我们的祖先只能躲在洞穴里。

转角遇到熊，太恐怖了！

要是不小心离开人群，就容易被凶禽猛兽攻击，为了保护自己，人们只能拼死抵抗。

在当时，人们的生存条件十分恶劣，为了从野兽身上获得遮风避雨的皮毛和果腹充饥的食物以生存下去，我们的祖先不得不同猛兽展开殊死搏斗。

对面的那几个人看起来好好吃的样子。

你看对面的熊好肥啊，我今晚想吃肉了。

有一只小鹿往这边跑过来了。

后来，人们学会设陷阱来抓捕野兽。野兽掉进陷阱后，人们便用棍棒、石器等简单的工具来杀死野兽。棍棒、石器就是最早的武器。

当时的人们分成了不同部落，部落之间会因为争夺食物、抢占地盘而爆发战争。为了获胜，人们开始了搏斗训练。

西周时期，人们手执斧盾，进行舞蹈，称为"武舞"。武舞一般在大典上表演，用以歌颂统治者的武功，它也是一种搏杀技术的训练方式。

在当时的学校教育中，成童十五岁时就要开始学习武舞了。

这位黑衣大侠，来我的门下吧！我保证给你享不尽的荣华富贵！

春秋时期，武士们会举办"武林大会"来切磋武艺。当时，各国战事频繁，达官贵族们也借"武林大会"来挑选武术高手，将他们纳入麾下，壮大自己的势力。

秦汉时期，角力盛行。角力是指集摔跤、擒拿、拳搏为一体的徒手格斗。后来，它逐渐发展成为一种带有娱乐性质的武术活动，称为"角抵"。

隋朝末年，各地义军兴起，大大推动了武术的开展。

唐朝时，朝廷实行武举，用考试的办法选拔武艺人才，促进了武术的蓬勃发展。当时尚武风气盛行，很多文人墨客都在诗文中表达对武艺的崇尚之情。

仁兄，你的理想职业是什么？

我的梦想是做一名侠客。

大诗人李白一生爱好舞剑，并精通剑术，生平总是剑不离身。他的梦想就是做一名侠客。

宋朝开国皇帝赵匡胤以武力夺取皇位，一统天下。他很担心自己的皇位也被他人用武力夺走，于是下令：禁止民间私自练武。

不许习武，违者严惩！

看来官府也害怕会武术的人啊！

看我像不像一只螳螂？哈哈！

明清时期是我国武术发展与提高的高峰期，各武术门派林立，争相发展，并对各种拳械综合归并，统称为"十八般武艺"。正因为此，才有了如今百花齐放的中国功夫。

9

五花八门的中国古代武器

在原始时期，人们发现要想在与野兽的搏斗中获胜，光靠拳脚是不行的，进而开始用棍棒、石块、骨器等更有力的工具去制服对方，这些工具就是最早的武器雏形。武器的出现，弥补了人类徒手搏斗的弱点，大大增加了杀伤力。随着功夫的发展，各式各样的兵器被发明出来。

棍棒

野兽有锋利的牙齿、尖锐的爪子，杀伤力很强。为了避免野兽的攻击，人们捡起随处可见的树枝、竹子，把它们当作武器。

矛

为了抓鱼，人们削尖棍棒的前端或在棍棒前端绑上打磨尖利的石块，这就是最初的矛。

剑

剑有双面刃，锋利无比，甚至能刺穿坚硬的金属铠甲。剑还一度是身份的象征，被誉为"百刃之君"。

弓箭

弓箭的发明，给人类提供了远射程武器，它能射杀几十米甚至上百米外的飞禽走兽。

刀

骑兵的发展壮大使刀成为兵器中的"明星"。人们持刀在战马上挥臂劈砍，威风凛凛。

关羽的青龙偃月刀让他叱咤战场。《三国演义》中描述的青龙偃月刀重达 82 斤，一般人拿都拿不动，更别说使用了。

匕首

　　匕首小巧锋利，便于隐藏，能够近身攻击敌人的要害，被喻为"暗器之王"。

你居然在地图里面藏匕首！

　　荆轲刺杀秦王用的暗器就是匕首。成语"图穷匕见"就来源于荆轲刺秦王的故事。

飞镖的把柄处有条"小尾巴"——绸布。绸布能使出镖、找镖更快速，还能保证飞镖不偏航。

飞镖

　　飞镖体型小巧，操作简单，射程远，而且可以快速投掷出去，能够在敌人做出反应之前完成击杀。

你已经没机会了。

看我的……

袖箭

袖箭呈圆筒形，毒箭藏于筒内。它非常小巧，可以藏在衣袖里。箭筒里设有弹簧机关，只需轻轻按下机关，毒箭就能立刻破袖而出，杀敌于无声中。

套索

古代战场上的很多搏杀都是在马背上进行的，如何在快速行进中一招制敌就显得尤为重要。于是，人们发明了一种暗器：套索。套索的一端有钩，钩上有芒刺，一旦扎进要害，能让人瞬间送命！

飞爪

飞爪的前端是手掌形状的铁爪，爪尖锋利，能穿透盔甲。飞爪还能帮助人们攀爬高墙、山崖。

传说中的功夫流派

在中国功夫发展的过程中，曾涌现出无数门派，有的至今闻名遐迩。这些富有传奇色彩的门派，形成了中国功夫文化的大观。其中，少林派、武当派、峨眉派、崆峒派、昆仑派是中华武术五大主要流派。

少林派

少林寺坐落于河南嵩山，是北魏孝文帝为来中国弘扬佛法的僧人跋陀而修建的。

北魏时，天竺高僧跋陀来到中国后，迷上了中国功夫，除传授佛法，也喜欢招收有武功的人为徒，这为少林寺习武的风气奠定了基础。

我也来练一练，排山运掌，赶跑瞌睡！

全都去外面给我练一遍达摩十八手！

后来，天竺僧人达摩成为少林寺的新住持。为了帮助僧人们消除因打坐而产生的疲倦和困意，他根据山野里的虎扑、豹跃、猴攀、鱼跃、鸟飞等动作，编了一套"健身操"，帮助大家活动筋骨，强身健体。这套健身操就是著名的"达摩十八手"。

14

隋朝时期，社会动荡。少林寺方丈挑选了一批强健的僧人——武僧，来保卫寺庙安全。后来，习武的僧人越来越多，习武逐渐成为少林僧人的必修课。

唐朝初年，少林寺僧曾助唐平叛，受到唐太宗嘉奖。从那以后，保家卫国成为少林寺的传统，代代相传。

明朝时期，东南沿海倭寇作乱，为保护沿海民众，少林僧人南下抗倭。随后，皇帝批准少林寺在当地建立分寺。

从此，少林寺相继在全国各地建立分寺，许多人来拜师学武、切磋武艺，少林功夫逐渐名扬天下。

武当派

江湖中有种说法："北尊少林，南崇武当。"可见，武当派在武林中也是响当当的一大门派。传说有一天，武当派的创始人张三丰在练功时发现了一个非常有趣的现象。

大蛇要吃喜鹊蛋，喜鹊便和大蛇展开了一场大战。喜鹊俯身啄大蛇，大蛇尾巴缠在树枝上，迂回躲闪，伺机反攻，喜鹊飞旋躲开。它俩轻柔回环，盘旋飞舞，难分胜负。

张三丰由此受到启迪，发明了太极拳。太极拳的拳法柔和缓慢，讲究以柔克刚、以静制动。

这些招式实在是太妙了！我要把它们加到我的武术招式中。

后来，人们把武当派风格的拳法称为"内家拳"，把少林等追求拳脚力量、进攻速度的拳法称为"外家拳"。从此，武术多了一个新的作用，那就是健身养生。

本门派不收酒鬼，你还是回去跟你的酒作伴吧。

武当派注重道德门风，收徒十分严格。经过历代宗师的继承发展，武当武术成为中华武林一个重要门派，逐渐在民间传播。

峨眉派

因为武侠小说的描述、拳法名称以及武器造型，很多人认为峨眉派中都是女子。事实上，峨眉派中女子并不多，且创始人也为男性。

相传，在先秦时期，武学宗师司徒玄空隐居于峨眉山，他模仿峨眉山上猴子的动作创制了"峨眉通臂拳"和"猿公剑法"，开创了峨眉武学。

峨眉派亦柔亦刚，内外相重，长短并用。

没想到小小的峨眉刺这么厉害！

崆峒派

崆峒派因创于甘肃崆峒山而得名，创始人为唐朝飞虹子。其拳路有飞龙门、追魂门、夺命门、醉门、神拳门、花架门、奇兵门和玄空门八门，八大门派的武功被分为初级、中级、高级三个级别。

掌派人

飞龙门是初级门。

追魂门增强了追击性，攻击招式多变。

夺命门招式更加猛烈，招招致命。

醉门强调动作的跃、翻、腾等，并分为文、武两类。

刚刚眼前好像闪过一个拳头的影子……没想到天底下居然有这么快的拳。

花架门的招式结合了敦煌壁画中飞天的造型，既有攻击性，又具观赏性。

本以为你的这些招数是花拳绣腿，没想到攻击性那么强。

高级功法中的"奇兵门"因兵器短小奇特，配有各种阵法，成为崆峒武术中最有特色的。

神拳门的拳术变幻莫测，虽用意念而不着力，却暗藏杀机。

想不到小小的折扇，不仅能扇风，居然还是这么厉害的武器。

奇兵门是崆峒派中最具特色的一门，所用兵器短小、奇特，排兵布阵方法诡谲，让人难以捉摸。

玄空门多是历代掌派人独修的功法，意在修炼内功，达到天人合一的境界。

昆仑派

北宋初期，昆仑大师隐居于临清龙潭寺（今河北省龙潭村）。由于当时战乱频繁，他结合医术和武术创立了"昆仑派"，并将武术传授给当地的村民，让他们防身自卫。

行走天下的行当：押镖

在古代，武功高强之人可以到镖局去做镖师。古人运送贵重货物，通常会雇佣镖师一路护送，以保安全。古时候的镖局就是现在的安全押运公司和安保公司的前身。

大胆劫匪，还不速速让开！

想从此路过，留下买路钱。

古时交通不便、治安差，有镖师押运货物，能够大概率避免被劫匪打劫。

手下请留情。

其实，很多镖师和劫匪是"老相识"。只要不害命，镖师不会赶尽杀绝；劫匪也是见好就收，以免被打击报复。

许多富贵人家也会雇佣镖师看家护院，防止刺客的谋杀。

因常年在外走镖，风餐露宿，镖师也学会了许多生存技能，比如做饭、修鞋、理发等。

为了维护镖局信誉，镖师还要精通人情世故，遵守镖局规矩，比如：尊重雇主隐私，不随便打听运送的货物是什么；不在途中随意加价等。

享誉世界的功夫大师

在中国历史上，有一群功夫大师不仅武功高强，精通国粹，还铁骨铮铮，匡扶正义，让中国功夫发扬光大，享誉世界。这些功夫大师也成了历史长河中熠熠生辉的明星。

国粹传人黄飞鸿

黄飞鸿出生于武术世家，"佛山无影腿""虎鹤双形拳"是他的独门绝招。

他6岁习武，小小年纪就具有超强的武艺。

今天暂且放过你们，再敢欺负无辜老百姓，我可就不留情面了。

他爱好打抱不平，不论是恶棍还是洋人，他都敢于出手，维护正义。

黄飞鸿不但医术十分高明，而且医德高尚，即便伤者是自己的敌人，他也会尽心救治。

舞狮也是黄飞鸿的绝技之一，他的妻子就是在舞狮过程中，被他无意掉落的鞋子"砸来"的。

现在，许多功夫题材的影视剧都以黄飞鸿为主角，他的武功被徒弟们发扬光大，他的声名也享誉全球。

侠之大者霍元甲

武术大师霍元甲出生于一个镖师家庭，父亲是"霍家迷踪拳"的传人。

我也想学武术，真帅气！

我也好想跟着他们学习武术啊！

霍元甲幼时体弱多病，经常被人欺负。父亲担心他给家族蒙羞，索性禁止他习武。但是，霍元甲非常喜爱武术，常常在父亲教授徒弟时偷师。

我错了，放我下来吧！

24岁那年，霍元甲制服了一个前来"踢馆"的人。从那以后，父亲才开始正式教授霍元甲武艺。

居然敢来我家门上挑衅！

24

不知道哪位强者愿意来台上和我这个"病夫"比试比试呢?

霍元甲实在是太厉害了,我还是偷偷溜吧,免得输得太惨。

1909年,一个叫奥皮音的英国大力士在上海设比武擂台,并侮辱中国人都是"东亚病夫"。霍元甲听说后,非常愤怒,于是前来上海迎战。结果,奥皮音一听是霍元甲,吓得偷偷溜走了。

此后,霍元甲创办了中国第一个民间体育组织——上海精武体操学会(后改为上海精武会)。霍元甲教徒弟们武功以防身自卫、保家卫国,把中国武术发扬光大。

霍元甲死后,后人把学会改名为"精武体育会",继续传授霍家拳法以及其他门派的武术。从此,武术开始向现代体育转变。

一代宗师叶问

叶问生于广东佛山的一个大户人家，7 岁时开始学习咏春拳，并成为咏春大师陈华顺的关门弟子。

上学时，叶问用咏春拳打败了一群经常欺负中国学生的外国学生，引得许多人慕名前来和他比武。

一次，在解救被外国大汉欺负的中国妇女时，叶问结识了咏春大师梁赞的儿子梁璧。后来，叶问拜梁璧为师，他的咏春拳拳术更加炉火纯青。

当时军阀横行霸道，随意欺压百姓。一次，叶问和表妹参加民间武艺盛会，有个军阀排长想要欺负表妹。叶问狠狠地教训了那个排长，徒手压弯了对方手枪机芯，使其不能发射。

57岁时，叶问开始收徒、传授咏春拳。从此，咏春拳逐渐被发扬光大。

如今，全球有近200万人在学习咏春拳，叶问也被称为咏春拳的"一代宗师"。

功夫之王李小龙

大名鼎鼎的功夫之王李小龙，小时候很调皮，仗着自己有点三脚猫功夫，经常打架。直到13岁那年，他被一个男孩狠狠教训后，才收起自大和骄傲，潜心学习真正的武艺。

李小龙拜叶问为师，开始刻苦学习咏春拳。他练起武来废寝忘食，睡醒了就开始在木桩上练功，吃饭时也争分夺秒练习拳法。

在师父的鼓励下，李小龙还常常和别人切磋武艺，拳法日益精湛。

19岁时，李小龙去美国读书。为了赚取生活费，他开了一家武馆。这期间，他接触到世界各地的武士，他将形形色色的武术技巧与咏春拳相融合，创立了一门新拳种——"截拳道"。

后来，李小龙把武术带入电影，他成为首位闯入美国好莱坞的中国演员，接连拍了一系列功夫片，在全世界范围内掀起了一股学习中国功夫的热潮。从此，李小龙成了很多人心中的偶像，中国功夫也红遍了全球。

中国功夫，世界传承

功夫文化不仅在中国发展得如火如荼，随着对外交流的兴盛，中国功夫也被带到世界各国，落地开花。中国功夫逐渐成为世界舞台中象征中国形象的一种文化符号。

中国功夫传播到世界各地，影响了外国武术的发展，例如日本的相扑、空手道，韩国的跆拳道，泰国的泰拳，很多招数套路都有中国功夫的影子。

到了近现代，功夫逐渐成为人们锻炼身体的一种方式。世界上许多国家的人也开始学习中国功夫。

除了可以强身健体，中国功夫还具有极强的观赏性。结合了中国戏曲、舞蹈、杂技、文学等元素的中国功夫表演，也令外国友人大开眼界。

中国功夫原来还可以应用到如此优美的戏剧当中啊！

中国功夫兼有刚柔之美。

有趣的是，越来越多的外国动作影片开始借鉴中国功夫的元素，比如动画电影《功夫熊猫》就以中国的功夫和熊猫为主角，将全世界的功夫迷和熊猫迷聚集到一起。

中国功夫不仅仅体现格斗技能、武术造诣，它更是中华民族智慧的结晶，中华传统文化的体现。中国功夫讲究刚柔并济，练习中国功夫不仅可以强身健体，祛病延年，更能修炼身心。